LES ATRÉBATES

PAR

M. l'abbé L. RAMBURE

Professeur à la Faculté catholique des Lettres de Lille.

(*Extrait de la* REVUE DE LILLE, 1899).

SUEUR-CHARRUEY

IMPRIMEUR-LIBRAIRE-ÉDITEUR

ARRAS | PARIS

10, rue des Balances | rue de Vaugirard, 41

LES ATRÉBATES

PAR

M. l'abbé L. RAMBURE

Professeur à la Faculté catholique des Lettres de Lille.

(*Extrait de la* REVUE DE LILLE, 1899).

SUEUR-CHARRUEY

IMPRIMEUR-LIBRAIRE-ÉDITEUR

ARRAS   PARIS
10, Rue des Balances   Rue de Vaugirard, 41

LES ATRÉBATES [1]

Monseigneur le Recteur,
Monsieur le vicaire général (2),
Mesdames, Messieurs,

Vous êtes, comme moi, privés aujourd'hui, pour une raison qui provoque nos plus sympathiques regrets, d'entendre le Président de notre Académie (3) ; je le supplée sans le remplacer, et au lieu de vous laisser sous l'impression de l'action vivante et présente du catholicisme en Orient, je viens vous parler de choses bien vieilles et définitivement mortes, ensevelies qu'elles sont dans la poussière des livres, sous la profonde couche de terre des fossés et des *tumuli*, ou tout au moins derrière les vitrines fermées des collections publiques et privées.

Cependant votre sympathique affluence me prouve qu'on ne fait pas appel en vain aux souvenirs de la vieille patrie et que le poète a eu raison de dire :

> « *Pius est patriæ facta referre labor.* »
> *C'est un pieux labeur de chanter sa patrie !*

Honoré et encouragé par votre présence, Monseigneur le Recteur, je remonte volontiers par la pensée au temps où vos ancêtres, les Carnutes de Cenabum (Orléans), votre patrie, donnaient en 52 avant Jésus-Christ le signal du mouvement libérateur, auquel répondirent les Atrébates, comme tant d'autres peuples de la Gaule ; vous nous donnez aujourd'hui, à leur suite, non plus un signal de guerre, mais un signal de paix et de labeur, sur le champ de bataille de la science. En fidèle soldat, j'obéis et j'aborde mon sujet sans plus tarder.

(1) L'œuvre de l'extension universitaire a été inaugurée à Arras, le 10 novembre dernier, par cette conférence que nous sommes heureux de publier, en lui laissant sa forme (N. D. L. R.).

(2) M. le vicaire général Lejeune, délégué par S. G. Mgr Williez, en voyage *ad limina*.

(3) M. le professeur Robart, retenu près de sa mère malade.

·

Je me propose de vous entretenir des *Atrébates*, et non pas de tous les Gaulois : le sujet serait trop vaste. Mais laissez-moi inviter vivement ceux que nos antiquités nationales intéresseraient, à aller passer quelques heures au Musée spécial de Saint-Germain-en-Laye, en profitant d'un voyage à Paris : là, dans le merveilleux cadre de l'ancien château royal, ils se rendront un compte exact de ce qu'était la Gaule avant, pendant et après la conquête romaine; ils verront les curieux résultats des fouilles entreprises de tous côtés par les ordres de Napoléon III pour illustrer l'*Histoire de Jules César*, et ils en reviendront, j'en suis sûr, avec une haute idée des Gallo-Romains et même des Celtes, de leurs arts, de leur industrie et surtout de leur bravoure (1).

Pour résumer ce que je songe à vous dire de nos ancêtres, j'ai parcouru les longues et minutieuses études des archéologues savants (2), des patients fouilleurs (3), des historiens (4) fidèles à la petite patrie et par conséquent à la grande ; je vous demanderai cependant de me faire crédit des citations qui allongeraient sans pro-

(1) Dans les immenses collections de pièces authentiques et de moulages, qui donnent de la Gaule une idée complète, figurent un certain nombre d'objets provenant des fouilles du Pas-de-Calais. V. p. 51, 81, 97, 120-121, 129, 144, 185, 187, 188, du *Catalogue* de S. Reinach.

(2) Collections du *Bulletin* de la commission des antiquités départementales du Pas-de-Calais, et du *Bulletin* de la commission départementale des monuments historiques du Pas-de-Calais ; *Gallia*, par C. Jullian ; *Géographie historique et administrative de la Gaule romaine*, par Em. Desjardins, t. ii-iv; Pauly et Wissowa, Real-encyclopädie, t. ii. col. 2138, v° *Atrebates* ; Benoist et Dosson, édition des *Commentaires sur la guerre des Gaules*, de J. César (Hachette, 1893), pp. 654-655 ; 657-658 ; 669 ; 701) ; Clovis, par G. Kurth, l. i, c. 1, pp. 1-33; Atlas de géographie historique de Schrader, cartes n°° 11, 12 et 14, et notices annexes ; l'*Art national*, par du Cleuzion, pp. 187-188.

(3) A. Terninck, *Études sur l'Attrébatie avant le VI° siècle*, 2 vol.

(4) C. Houtry, *Arras, son histoire et ses monuments*, p. 7-8 ; E. Lecesne, *Histoire d'Arras*, t. i, pp. 1-22; C. Le Gentil, *le Vieil Arras*, pp. 1-11 ; 74-81 ; 113-115 ; 679-683 ; 688-690 ; A. Terninck, *Arras*, pp. 1-20 ; A. Terninck, *Arras gallo-romain*, dans le *Bulletin des antiq. départ. du P.-d.-C.*, t. vi, pp. 69-105. Ceux qui seraient plus friands de romans historiques que d'histoire précise pourraient lire l'œuvre, pleine de vie et tracée dans un cadre fidèle, de M. Rambaud, ancien ministre de l'instruction publique : l'*Anneau de César* (Hetzel, 2 vol. illustrés); ils y trouveraient le récit animé de la résistance aux Romains des habitants de Lutèce, avec laquelle celle des Atrébates a dû avoir plus d'un point de ressemblance.

fît mon exposé et de me croire sur parole : les preuves sont dans mes notes et, avec votre permission, elles y resteront.

J'étudierai successivement :

1° La *géographie* du pays des Atrébates ;

2° Leur *histoire* ;

3° *L'archéologie* de l'Atrébatie.

I

Au premier siècle avant Jésus-Christ, la France actuelle était divisée en quatre parties. C'était, du Sud au Nord, la *Province*, pliée à la conquête, à la civilisation et aux arts de Rome, qui, par la vallée du Rhône et les bords de la Méditerranée, allait du Lac Léman à Toulouse ; c'était ensuite, des Pyrénées à la Garonne, l'*Aquitaine* ; de là, entre la Garonne et la Seine, s'étendait l'immense *Celtique*, ou Gaule proprement dite ; de la Seine au Rhin, tout le pays s'appelait la *Belgique*.

Nous étions donc alors l'un des quinze (1) à vingt peuples du *Belgium*, d'une puissance moyenne, inférieure à celle de nos voisins de l'Est, les Nerviens, et de l'Ouest, les Ambiens ; presque égale à celle des Morins du Nord, « *Extremi hominum* (2) », comme les appelle Virgile ; supérieure à celle des Vermandois qui nous limitaient au Midi.

A vrai dire, c'est par notre plus mortel ennemi, César, dans ses *Commentaires*, que nous sommes le mieux renseignés sur les Atrébates ; mais comme ses données sont plutôt des indications numériques et topographiques que des appréciations morales, nous pouvons y avoir le plus souvent confiance ; ainsi le pense le plus modeste écolier de quatrième, quand il pâlit sur ces textes ; ainsi le pensait Napoléon, quand à l'île de Sainte-Hélène il étudiait les guerres de son grand modèle, et commentait à son tour les *Commentaires* du chef romain.

La ville principale, ou plutôt la seule, des Atrébates, se nomma

(1) Quinze, d'après E. Desjardins, *Géogr. de la Gaule*, t. II, pp. 427-462 ; vingt-trois, d'après la notice de A. Longnon, annexée à la carte n° 11, la *Gaule* de l'Atlas de géographie historique de Schrader.

(2) V. la dissertation sur cette expression de Virgile: *Extremi hominum Morini*, par Piers (S. Omer, s. d.).

d'abord *Nemetacum*, d'après le milliaire de Tongres, l'itinéraire d'Antonin et la Table de Peutinger (1), et *Nemetocenna* (2) ; la même ville, ou peut-être un groupement voisin (nous dirions aujourd'hui : le faubourg ou la banlieue), est appelée par Ptolémée *Origiacum*. Au iiie siècle de notre ère, l'usage général fut de donner aux capitales le nom des peuples, et c'est ainsi que, sans prendre le Pirée pour un homme, on peut appeler *Civitas Atrebatum* ou notre ville, ou la nation entière.

Me risquerai-je dans le maquis de l'étymologie, pour vous expliquer ce que signifiaient ces noms ? Celui d'*Atrebates* est le plus simple, et malheureusement le moins expressif : il sort de la racine celtique : *treb*, *habitation*, et se traduit par conséquent : les *habitants du pays* : c'est presque un nom commun.

Les mots *Nemetacum* et *Nemetocenna* ont été bien plus discutés ; on y a recherché la racine : *nemet*, bois sacré ; *nemet*, opulent ; *nenne take*, jour neuf (je ne sais pourquoi). Une plus récente opinion en ferait la forteresse d'un certain Nemetos, ou de ses fils, d'ailleurs inconnus.

Je ne parle point d'*Origiacum*, où l'on a en vain cherché l'idée de ville froide : *frigore rigens* (3). Veuillez ne point vous étonner de ces divergences : les étymologies latines et grecques sont ici de pure fantaisie, en pays gaulois ; quant à la langue celte, il n'en existe guère plus de douze à treize textes, et les plus grands savants en sont à la recherche du vocabulaire, sans qu'il puisse encore être question de syntaxe : le celte est presque aussi peu intelligible que l'étrusque.

Contentons-nous donc d'être Atrébates, sans savoir ce que notre nom signifie au juste.

(1) Le fragment de milliaire octogone trouvé à Tongres (v. *fac-simile* et notice dans Desjardins, *Géogr. de la Gaule*, t. iv, pp. 26-31), et dont Arras possède un moulage, est aujourd'hui l'une des pièces les plus intéressantes du riche musée d'antiquités de la porte de Hal, à Bruxelles ; il porte notamment ces mots : *Fines Abrebatum* et *Nemetac*. Cf. *La colonne milliaire de Tongres* (Arras 1882), étude de M. le baron Cavrois, 1 gravure et 12 p. de texte. — La curieuse carte, dont le prototype semble remonter au temps d'Auguste et d'Agrippa, connue d'après le nom d'un de ses propriétaires, Peutinger, se trouve au Musée de la Cour Impériale de Vienne ; elle contient le nom : *Nemetaco*. — L'Itinéraire d'Antonin emploie la même dénomination (Desjardins, loc. cit., pp. 59 et 128-129, et *fac-simile* entre les pp. 74 et 75.)

(2) Hirtius, *Comm. de bello gallico*, l. viii, c. 46 et 52.

(3) C'est avec autant de fondement qu'on a tiré, *a posteriori*, l'étymologie du mot : *Arras*, du blason de sa cité épiscopale (trois rats), ou que d'une façon peu gracieuse on a rapproché *Atrebates* de... *atræ bestiæ* !

Quelles étaient les limites de notre pays, approximatives au moins?

La *Pevèle (pabula)*, pays de marais, restait comme un état-tampon, dirait-on aujourd'hui, entre les Nerviens et les Atrébates, n'étant disputée par personne parce qu'elle ne produisait guère.

L'Atrébatie était limitée au Midi par la vallée de l'Authie, à l'Est par l'Escaut, de Cambrai (Camaracum) à Tournai ; vers le Nord, elle s'arrêtait à la vallée de la Lys et aux collines du Boulonnais; à l'Ouest, elle n'atteignait pas la mer, et de ce côté les *Ambiani* rejoignaient les *Morini* (1). C'étaient, au fond et en gros, les limites de l'Artois du Moyen Âge ; elles comprennent, dans le département du Pas-de-Calais, les arrondissements d'Arras, de Saint-Pol et de Béthune, et, dans le Nord, la portion intérieure qui irait de Cambrai à Armentières, à l'exclusion du littoral.

La région se divisait en quatre *pagi*, ou territoires (2) :

Le *Pagus adarctensis*, cœur du pays, comprenant Arras et la contrée environnante ;

L'*Atrevasia*, ou *Arrouaise*, dont Bapaume était le principal centre ;

La *Gohelle*, avec Houdain, Lens, Béthune et leurs environs, si riches en souvenirs celtiques et gallo-romains ;

L'*Escrebieux*, avec Hénin-Liétard, le bassin de la Deûle et Estaires (*Minoriacum*).

Que dire de l'aspect général du pays ? Sans doute on y vante la richesse des parties vallonnées, l'élevage du mouton (dont la laine servait aux fameux manteaux dont nous parlerons), des bestiaux et du cheval (les Morins y ajoutaient l'élevage de l'oie); mais les défrichements modernes ne peuvent nous faire perdre de vue que les forêts, sans avoir l'horreur de l'Ardenne, y étaient denses et continues. Si l'on parcourt aujourd'hui sur une carte la ligne boisée, presque ininterrompue, qui s'étend de Bucquoy à Hesdin par Pas, Lucheux, Frévent et Saint-Pol, on comprendra dans quel immense temple le culte druidique pouvait multiplier ses mystères.

Quoique nos ancêtres ne fussent point une population maritime, l'*Escaut*, la *Scarpe*, par eux-mêmes et par leurs affluents alors bien

(1) Bulletin des antiquités départementales du Pas-de-Calais, t. IV, pp. 278-284 : les *Pagi atrebates*, par M. A. Terninck.

(2) V. la carte de l'Atrébatie, dessinée spécialement pour la conférence par M. Bouthors, élève de l'Ecole des Hautes études industrielles de Lille.

autrement puissants sans doute qu'aujourd'hui, fournissaient une certaine facilité de relations et quelque nourriture. Il n'est pas jusqu'aux immenses marais qui n'aient été utilisés, d'après la curieuse et très rare trouvaille que l'on fit en 1807 (1), dans les marais de Flines-les-Raches, de deux *lintres* ou pirogues gauloises, de 13 mètres de longueur, creusées dans des troncs d'arbres, comme les fragiles esquifs des Océaniens.

Il existait déjà des chemins de fer, chez les Atrébates : selon M. Terninck, en effet, l'on dénommait : *via ferrea*, probablement en raison de leur merveilleuse résistance, les grandes voies romaines qui sillonnaient le pays.

Elles partaient souvent d'un centre, comme les branches d'une étoile, en nombre impair, comprenant 3, 5, 7, 9 voies différentes. La plus célèbre de la Gaule, par rapport à nous, était celle qui allait de Milan à Lyon, de Lyon à Reims, et de Reims à Boulogne ; mais elle passait par Amiens, en évitant l'Atrébatie. Les villes de la contrée, Tongres, Cassel, Estaires, Tournai, Cambrai, Bavay surtout (la plus riche ville du Nord en antiquités romaines, après Reims), se reliaient à Arras, et par Saint-Pol ou Lens se dirigeaient vers Thérouanne pour aboutir à Boulogne. Qui ne connaît encore cette percée droite, que la voix du peuple appelle sans aucune raison *chaussée Brunehaut* (2), et qui, sans autres détours que des déviations toutes modernes, aboutit encore d'Arras à la malheureuse ville détruite de Thérouanne ?

Il serait trop long de vous exposer avec quel art, quel souci de l'avenir, les Romains superposaient, comme l'indique Vitruve, les lits de pierres, de béton, de cailloux, de ciment, sur ces voies qui, par leurs dimensions et leur inflexible rigidité, paraissaient symboliser la majesté du peuple romain (3).

Quant aux voies gauloises, sinueuses, tournant les difficultés que les Romains abordaient de front par des viaducs ou des tranchées,

(1) Annuaire du département du Nord, par Bottin, année 1813.

(2) V., sur cette dénomination, E. Desjardins, loc. cit., t. IV, pp. 230-234.

(3) On vient de retrouver, en décembre 1899, un fragment de voie romaine, rue Méaulens, à Arras ; cette découverte, encore incomplète, a été l'objet d'une intéressante communication de M. l'abbé Bohart à l'Académie d'Arras. — Le Musée de Boulogne contient un très complet échantillon en coupe de voie romaine ; v. *Guide* aux musées municipaux de Boulogne, par A. Sauvage, p. 6.

elles étaient étroites, comprenant seulement de 4 à 5 m,...car l'*esseda*
belge (ou voiture à 2 roues) avait 30 centimètres de largeur en moins
que les chars romains. On prétend en avoir retrouvé des morceaux,
çà et là, dans l'Atrébatie ; je ne le conteste pas, mais M. Desjardins,
qui fait autorité en ces matières, dit ironiquement : « Dans l'état
présent de nos informations, retrouver les chemins gaulois est à nos
yeux une pure chimère ; on peut cependant continuer à les chercher :
c'est peut être inutile, mais c'est assurément très sain (1). »

II

Heureux, a-t-on dit, les peuples qui n'ont pas d'histoire ! Ces
mots pourraient s'appliquer aux peuplades très anciennes qui, sur
notre sol, ont précédé les Atrébates proprement dits : hommes des
premiers âges, vivant surtout de la chasse du renne, n'ayant guère
d'autre habitation que les cavernes ou de tristes abris, ils ont cependant laissé de leur longue et obscure existence des monuments dont
la solidité défie les injures des temps et même l'incurie humaine : ce
sont les monuments *mégalithiques*.

Vous connaissez, sans nul doute, les pierres levées, ou *menhirs*,
d'Acq, près d'Arras ; vous avez entendu parler du menhir de Lécluse,
de l'ensemble des monuments de Fresnicourt ou du Hamel. Sont-ce
des monuments funéraires ou des trophées de victoire ? On a émis
sur leur compte les hypothèses les plus diverses. Mais il faudrait se
garder de croire qu'ils auraient exclusivement servi aux cérémonies
druidiques. Non, ces monuments de pierre, comme les trois mille
dolmens ou menhirs que l'on rencontre du Rhin aux Pyrénées, sont
généralement plus anciens que la religion des Druides ; on les rencontre, d'ailleurs, d'une extrémité du monde à l'autre, chez des peuplades d'Afrique, d'Amérique, de Corée, où jamais n'a pénétré le drui-
disme ; ils sont ici, à une époque indéterminée, les contemporains
des habitants primitifs du pays, précurseurs des Atrébates.

Ceux-ci, venus d'au delà du Rhin comme toutes les migrations
qui ont peuplé la France, n'entrent dans l'histoire qu'à l'époque
même où ils vont en être rayés par l'épée de César ; mais comme

_____

(1) Desjardins : *Géogr. de la Gaule rom.*, t. IV, p. 163.

leur rôle, quelque bref qu'il soit, est tragique et digne d'admiration !

Libres dans leurs forêts et leurs marécages, soumis à un état social qui, comme l'ont démontré leurs sépultures (1), suppose un certain degré de civilisation, ils sont, par la force des événements, mis en présence du plus hardi, du plus puissant et du plus civilisé des envahisseurs, — ce peuple qu'on a, avec une certaine raison, comparé au peuple anglais, — le peuple romain.

Je ne saurais suivre Jules César dans le détail des huit campagnes sanglantes, grâce auxquelles il réduisit la Gaule entière, malgré l'héroïsme de la résistance qui, des Helvètes aux Bretons et des Arvernes aux Morins, se dressa devant lui, avec plus d'impétuosité peut-être que de constance. Je me bornerai à analyser les trois campagnes dans lesquelles les Atrébates ont joué un rôle important (2).

Dans une première campagne, celle de l'an 58 avant Jésus-Christ, César avait battu les Helvètes et les Germains d'Arioviste : il était retourné en Italie, quand il apprit de son lieutenant Labiénus la ligue de la plupart des peuples belges contre les Romains.

Nous sommes à l'an 57 avant Jésus-Christ. En quinze jours, à marches forcées, César arrive, avec une armée de deux légions, de l'Italie supérieure à son camp des environs de Châlons, et de là, à la tête de toutes ses troupes, il court aux confins des Belges. Il se fait renseigner sur les forces des confédérés : ceux-ci peuvent mettre en ligne près de trois cent mille guerriers, sur lesquels les Atrébates ont promis 15,000 hommes, les Nerviens 50,000, les Ambiens 10,000, les Vermandois 10,000 également et les Morins 25,000 (3). César a huit légions, environ 50,000 hommes, outre les auxiliaires qui peuvent être de nombre égal, mais sur l'effectif desquels il ne nous renseigne pas.

Toutefois, il est douteux que, vu la rapidité de la marche des Romains, les Belges aient pu concentrer toutes leurs troupes à la première bataille qui fut livrée au passage de l'Aisne, entre Laon et Reims, à Berry-au-Bac.

---

(1) Le Musée d'Arras présente une de ces sépultures, presque intacte et bien conservée.

(2) *Comment. de la guerre des Gaules*, l. ii, c. 1-33 ; l. vii, c. 74-89 ; l. viii, c. 6-23 et 47-49.

(3) *Ibid.*, l. ii, c. 4.

Quand César eut reçu 20,000 hommes de renfort, les Belges furent écrasés dans leur retraite ; ils se reformèrent cependant sur la ligne de la Sambre. Avant de les poursuivre, César se rendit par un circuit chez les Bellovaques et les Ambiens, qu'il força à la soumission ; puis, traversant les limites de nos confins, par Amiens, Bapaume, Cambrai et Bavay, il se dirigea vers Maubeuge : c'est là, aux portes de Maubeuge, près de la Sambre, et particulièrement à Hautmont et Sous-le-Bois, que se sont distingués les Atrébates.

Sur la rive gauche de la Sambre campent six légions ; les deux autres gardent les bagages. Sur l'autre rive, dans les forêts qui descendaient vers la rivière et dont le bois du Quesnoy est le dernier reste, se trouvent les confédérés : les Nerviens forment l'aile gauche, les Vermandois, le centre, les Atrébates, l'aile droite (1).

Après avoir mis en sûreté leurs femmes et leurs enfants dans des marais impénétrables, les Gaulois s'élancent, en traversant la Sambre, à l'assaut du camp romain. Mais leur fortune est diverse : à droite de leur armée, les Atrébates rencontrent la Xe et la XIe légions qui les repoussent ; ils repassent en désordre la Sambre, se reforment et résistent aux Romains, qui sont bientôt obligés de se replier pour secourir le camp. Là, en effet, à la gauche de l'armée belge, l'effort des Nerviens a jeté un si grand trouble que la cavalerie des Trévires, alliée des Romains, s'est enfuie sans tourner bride et annonce partout la défaite. Alors César paie de sa personne : il arrache un bouclier à un légionnaire, s'élance au premier rang, appelle les centurions, exhorte les soldats ; à ce moment, l'aile gauche des Romains, qui combattait les Atrébates, les abandonne et revient vers le camp ; les malheureux Nerviens sont écrasés à leur tour par cette attaque d'ensemble.

La campagne était finie, mais il semble que César ait mis quelque exagération dans la bouche des Nerviens suppliants, quand il leur fait déclarer (2) que, sur 60,000 guerriers, il ne leur reste que 500 hommes, puisque cinq ans plus tard ils en fournirent 6,000 à l'armée de secours d'Alésia.

_____

(1) *Ibid.*, l. ii, c. 17-27. V. la carte de la bataille de la Sambre, spécialement dessinée pour la conférence par M. Houthors.
(2) *Commentaires de la guerre des Gaules*, l. ii, c. 28 ; cf. l. vii, c. 75.

C'est après cette campagne qu'entre en scène le noble Atrébate *Comm* ou *Comius* (1). Pour servir ses projets de soumission de la Gaule, César se gardait, dans son habileté, d'user uniquement de la force : il employait les promesses, les faveurs, les sollicitations de tout genre, propres à diviser ses ennemis et à gagner les bonnes grâces de certains peuples ; c'est à ce prix qu'il obtint notamment la fidélité des Trévires et des Rèmes. Par le même moyen, il séduisit des hommes influents, comme le druide Divitiac, dont il avait fait son conseiller intime, et le noble Atrébate Comm auquel, après la soumission de nos ancêtres, il donna, en amnistiant ses sujets, le titre de roi, si rare en Gaule que, dans les *Commentaires*, neuf chefs gaulois seulement sur quarante-neuf en sont investis.

Faut-il nous hâter d'accuser Comm de trahison, pour avoir ainsi embrassé le parti de César ? Nos historiens locaux (2) ne le pensent pas, et préfèrent voir dans le roi Comm un esprit élevé, que les incontestables bienfaits de la civilisation romaine avaient d'abord séduit, et à qui plaisait le rôle important, que tant de modérés ont essayé de jouer dans tous les siècles, d'arbitre et de pacificateur.

César, qui lui attribue (3) de la valeur et de la prudence, *virtutem et consilium*, voulut expérimenter l'une et l'autre : il le mit, d'une part, à la tête de la cavalerie chez les Ménapiens ; d'autre part, il l'envoya comme négociateur chez les Bretons dont il aurait voulu conquérir pacifiquement le pays. Cela ne réussit guère à Comm puisque, malgré la considération dont il jouissait, il fut emprisonné jusqu'à la fin de la guerre.

Est-ce cette aventure, est-ce la voix de sa conscience, est-ce l'indignation de ses sujets atrébates qui fit revenir Comm au parti de l'indépendance ? Nous l'ignorons, mais ce que César et son continuateur Hirtius nous ont appris avec quelque amertume, c'est que Comm, après avoir excité à la révolte les Bellovaques hésitants, a été, dans le grand soulèvement de 52, l'un des dignes et héroïques lieutenants de Vercingétorix (4).

(1) V. E. Lecesne, *Etude sur Comius, roi des Atrébates*, dans les *Mémoires de l'Acad. d'Arras*, 1ʳᵉ série, t. xxviii, pp. 105 et suiv.

(2) E. Lecesne, *Hist. d'Arras*, t. 1, pp. 4-15. — Le Gentil, *le Vieil Arras*, pp. 6-9.

(3) *Commentaires de la guerre des Gaules*, iv, 21 ; cf. vii, 76.

(4) Vercingétorix a maintenant ses statues ; le roi des Atrébates n'a-t-il point mérité la sienne ?

Quelle vaillante tentative poussa ces 250,000 Gaulois à se heurter contre la double fortification que César avait opposée à Vercingétorix, enfermé dans Alesia, et à l'armée de secours, vous le savez. Dans le conseil des quatre chefs adjoints au général arverne, Comm occupait l'un des premiers rangs, et cependant les troupes atrébates ne dépassaient pas quatre mille hommes. Ni les charges de cavalerie, ni l'attaque des points faibles au N.-O. d'Alesia, ni la coopération des assiégés, ne purent triompher de la puissante tactique et du courage personnel de César et de ses troupes. Vercingétorix, digne de plus de pitié, vint se livrer à cheval, en armes, au vainqueur qui le laissa vivre plusieurs années, pour en orner son triomphe et le faire égorger ensuite !

Comm résista le dernier au désastre ; l'année suivante, en 51, nous le voyons à la tête de la troisième campagne que menèrent les Atrébates, cette fois avec les Bellovaques : il court en Germanie solliciter le concours de la cavalerie indigène, si estimée des Romains ; mais quand il revient avec 500 cavaliers seulement, les Bellovaques, après avoir temporisé, ont perdu à la bataille leur roi Corrée.

Alors se passe une de ces scènes qui déshonorent à jamais le parti et l'homme qui en sont les auteurs (1). Le lieutenant de César, Labiénus, dont le caractère ne fut pas à la hauteur du talent militaire, essaie de faire assassiner Comm, son ennemi mortel, dans un guet-apens que lui tend le chef de la cavalerie romaine, Volusénus. Celui-ci n'y réussit pas, et ne parvient qu'à faire éclater, une fois de plus, le caractère de bravoure chevaleresque de notre roi, dans sa dernière action guerrière. Un jour, Comm voit Volusénus au loin, entouré d'un petit groupe de cavaliers ; il fond sur lui, le provoque à un combat singulier, et le blesse grièvement. Il était vengé, et il pouvait sans déchoir faire sa paix avec Antoine qui commandait le pays. Mais, fidèle à son serment de ne plus se rencontrer, après le guet-apens de Volusénus, avec les Romains, il obtint de se retirer librement dans la colonie atrébate de Bretagne. La numismatique, par un renseignement précieux, nous fait croire que son successeur, à

(1) Hirtius raconte froidement cet épisode, avec une inconscience qui étonne, *Comment.*, l. VIII, c. 23.

la tête des Atrébates, fut le chef Andobru, dont on possède quelques monnaies (1).

Je viens de parler de la colonie atrébate de Bretagne, c'est-à-dire d'Angleterre, et je crois satisfaire votre curiosité, si j'en touche un mot (2). Il a existé, dans le Hampshire, à 50 kilomètres Ouest de Londres, une colonie atrébate du nom de *Calleba Atrebatum*, comme un peu plus loin il en existait une autre du nom de *Venta Belgarum* (Winchester). Quand fut-elle fondée? On l'ignore ; mais elle présente à la fois le caractère celtique et l'aspect gallo-romain, par ses médailles fort intéressantes et ses ruines antiques. Situé dans un immense domaine du fameux duc de Wellington, l'emplacement de Calleba ne comprend plus aujourd'hui qu'une ferme et une église, formant le hameau de Silchester ; mais des fouilles méthodiques, entreprises depuis une dizaine d'années par une société savante de Londres, ont mis à découvert les monnaies d'argent, si artistiques, de Comm et de ses fils et successeurs Epill et Véric (3), dans les quartiers très intéressants d'une ville romaine dont le pourtour étend, sur deux kilomètres et demi de circonférence, ses murailles encore hautes de trois à six mètres. Voilà un mouvement d'expansion coloniale qui prouve que nos ancêtres n'étaient guère casaniers, quand ils allaient coloniser l'Angleterre bien avant les Normands !

Pendant que leur illustre chef Comm cherchait en Bretagne, après tant d'héroïques efforts, une retraite glorieuse et méritée, les Atrébates étaient définitivement pacifiés. Sous Auguste, la Gaule entière était dégarnie de troupes romaines. *Atrebatum* était l'une des

(1) V. la savante étude de M. Alex. Hermand sur la *Numismatique gallo-belge*, pp. 157-158. La *Revue de Numismatique* citait récemment une trouvaille se rapportant à ce chef, dont l'existence n'est connue que par des documents archéologiques : c'est un excellent exemple des services que la numismatique peut rendre à l'histoire.

(2) V. notamment *Numismatique gallo-belge*, par A. Hermand, pp. 17 et 40 ; *Bulletin de la Commission départementale des monuments historiques du Pas-de-Calais*, t. i, livraison iii (1831), pp. 178-182 et 187-189 (notes de M. Vaillant) ; la revue anglaise *Archæologia*, tomes xl, lii à lv. La dernière communication sur ce sujet a été faite à la Société des Antiquaires de Londres, par W. H. St. John Hope, et publiée sous ce titre (Westminster, 1897) : *Excavations on the site of the roman city at Silchester, Hants, in 1896*, 1 brochure in-4° de 22 p. et planches.

(3) Alex. Hermand, *Numismatique gallo-belge*, Bruxelles, 1864, pp. 142 à 156.

soixante *civitates* représentées, par une statue emblématique et par
des délégués, aux fêtes régulières de Lyon en l'honneur d'Auguste
et de Rome divinisés ; la ville s'embellissait, s'enrichissait, étendait
ses limites d'Etrun et de Wagnonlieu vers le plateau de Baudimont.
Les empereurs, notamment Julien, y séjournaient ; l'industrie pros-
pérant, le luxe s'y développait, jusqu'à ce que les barbares vinssent
tout niveler, tout détruire, sauf quelques rares souvenirs d'un passé
qui n'a été, on le voit, ni sans éclat ni sans vertu.

La religion des druides et le culte des dieux gaulois et romains
passaient (1) aussi, et une civilisation supérieure allait poindre.
L'étude de cette civilisation chrétienne mériterait à elle seule au
moins une conférence ; il vaut mieux la passer aujourd'hui sous
silence que d'en raccourcir l'exposé, pour dire maintenant quelques
mots des souvenirs matériels qui nous *restent* des Atrébates.

III

Selon la loi que je me suis imposée jusqu'ici, je m'efforcerai de
me restreindre à ce qui concerne les Atrébates eux-mêmes : ce que
mon exposé perdra en ampleur, il le gagnera en précision.

Malgré les plaisanteries faciles dirigées contre les archéologues,
lorsqu'on regarde de près leur ingrat labeur, on ne peut leur refuser
son hommage. Tantôt c'est un hasard, — mais un hasard heureux et
mérité, — qui dirige le chercheur vers un point que ses études anté-
rieures lui ont signalé ; tantôt c'est un agriculteur, impatient de
niveler la motte qui est un obstacle pour sa charrue (2), qui fait sortir
à point de leur *tumulus*, de leur cimetière, de leur sépulture sous
dalles, des ancêtres avec les squelettes de leurs coursiers de guerre et
tous les souvenirs qui devaient leur adoucir l'autre vie ; tantôt ce sont
de grands travaux publics, percement de routes, tracé de voies fer-
rées, construction d'édifices, canalisations d'eau et de gaz, déman-
tèlements, qui procurent des occasions uniques de fouiller le sous-
sol, d'enrichir les Musées et les collections.

Sans doute, un laboureur pourra, comme en 1851 à Feuchy, en

(1) Des chapiteaux toscans, trouvés sous l'église Saint-Nicolas, ont pu appar-
tenir à des temples païens. Mais les attributions de ces temples à Jupiter et à
Isis ne reposent sur aucun document positif.

(2) *Bulletin de la Comm. des antiq. départ. du P.-de-C.*, t. III, pp. 242-246.

brisant du fer de sa bêche une amphore d'où s'échappent neuf
mille pièces antiques, croire qu'il a trouvé une fortune, quand malheureusement ce ne sont que des bronzes assez communs (1) ; sans
doute, un antiquaire pourra en 1875 découvrir à Wagnonlieu une
foule de silex réputés préhistoriques (2), dans une même fosse où
leur tiennent compagnie une jugulaire militaire du commencement
de ce siècle, un souvenir de pèlerinage à saint Léonard et une
médaille de saint Benoît. Mais, en général, les résultats des fouilles
ont été intéressants, parfois même considérables, surtout dans la
terre promise des chercheurs, qui s'étend de Saint-Pol à Douai,
particulièrement dans les cantons d'Arras, d'Avesnes, d'Aubigny, de
Vimy et de Lens (3). Je signalerai notamment la découverte de
mille monnaies (4) celtiques, à Aubigny, en 1846 ; celle de l'oppidum
de Vimy, en 1835 (5), avec sa triple rangée de cercueils celtiques ;
celle de maisons et de bains romains, à Arras (6), sous la demi-
lune n° 24 (dans les fortifications entre le Petit Séminaire et la Croix
du grès), en 1878 ; celle (7) du terrain Saint-Nicaise, lors de la
construction de la prison départementale.

Certes, nous n'avons aucun monument intact qui puisse rivaliser
avec ceux du Midi de la France ; les riches collections particulières
de MM. Dancoisne et Terninck ont été dispersées à la mort de ceux
qui les avaient si laborieusement formées ; mais il nous reste, dans
les Musées, dans la collection de numismatique de M. Loir, dans
celle de silex, de poteries, d'objets antiques de grande richesse,
de MM. Hellon, dans d'autres encore, de nombreux et intéressants
sujets d'études.

C'est à eux (8) que je suis forcé de vous renvoyer, si vous désirez

(1) Ibid., t. i, p. 260 et suiv.
(2) *Recue de l'art chrétien*, 1875, pp. 170-172.
(3) Voir la carte archéologique de l'arrondissement d'Arras, dans le *Dict. hist. et archéol. du Pas-de-Calais*, Arras, t. i.
(4) A. Terninck, *Études sur l'Atrébatie*, t. i, p. 178.
(5) Id., *Ibid.* t. i, p. 130-134 ; t. ii, pl. 6.
(6) Id., *Bulletin des antiq. départem. du P.-de-C.*, t. vi, pp. 96-104.
(7) Id., *Ibid.*, t. vi, pp. 79-88.
(8) Voir les planches photographiées du t. ii des *Études sur l'Atrébatie*, par A. Terninck, et les polychromies de l'*Arras*, du même auteur. — L'épigraphie strictement atrébate est très pauvre jusqu'ici. C'est à peine si on peut lui attri-
buer le nom : *Atreba*, qui figure sur une inscription bordelaise (Ch. Robert, *Bulletin épigraphique*, t. i, p. 155) et l'*Atrebia Arbuscla*, qui est reprise au *Corpus*

connaître par le détail les haches et couteaux celtiques, les poteries grises des Belges, les poteries rouges des Romains, les verres de toute forme, toujours précieux et rares, les bronzes de tout genre, souvent marqués au coin d'un cachet artistique que nous chercherions en vain dans nos objets usuels.

Nous ne saurions toutefois en dire autant des monnaies atrébates (1). Au point de vue esthétique, ces pièces convexes d'or pâle sont le produit d'un art enfantin, ou plutôt une contrefaçon grossière des fameux *Philippes*. Lorsque le roi de Macédoine, pour utiliser ses immenses réserves en métaux précieux, fit frapper la monnaie classique, représentant d'un côté la tête d'Apollon et de l'autre le char du soleil, il ne se doutait guère de la désagrégation que ces symboles allaient subir sous le coin atrébate.

A l'avers, la chevelure laurée d'Apollon, tournée presque toujours vers la droite, est méconnaissable : de la tête, il ne reste souvent que l'œil ou l'oreille, d'où la dénomination des statères à l'œil ou à l'epsilon (l'oreille ayant une forme vague d'epsilon). Quant au cheval du revers, son cavalier disparaît pour faire place, semble-t-il, à quelques symboles druidiques (faucille, barque, lyre, branche de gui, croissant, etc.) ; lui-même, généralement tourné vers la droite, est si désarticulé, si hideux que, si je ne craignais quelque anachronisme, je le comparerais à un squelette vu d'après la radiographie des rayons X. — Dans d'autres monnaies de bronze, des séries symé-

Inscrip. latin., de l'Acad. de Berlin, t. vi, n° 12689. Le milliaire de Tongres porte nettement les noms *Nemetac* et *Fines Atrebatum*, mais sans autre indication que des distances. On a trouvé dans le sous-sol d'Arras une seule inscription funéraire : LECT.E PINARI SABINI CÆSARIS (V. Terninck, *Études sur l'Attrébatie*, t. I, p. 385-388). Le Musée de Douai contient plusieurs inscriptions romaines remarquables, et une foule de souvenirs de Bavay.

(1) Je dois un hommage spécial à la bienveillance avec laquelle M. Loir, propriétaire à Arras, a mis à ma disposition sa riche collection de pièces gauloises ; elle peut rivaliser, pour ces séries spéciales, avec la collection du Cabinet des médailles à Paris, et avec celle du Musée de Péronne, formée et donnée à cette ville par M. Danicourt. Le Musée d'Arras possède un seul statère atrébate, trouvé dans le démantèlement. — V. l'étude complète, déjà citée, de M. A. Hermand, sur la *Numismatique gallo-belge*, texte *et planches* : elle est classique en cette matière. Cf. le *Catalogue raisonné des monnaies du comté d'Artois*, cabinet d'Ad. Dewisme, Saint-Omer, 1866, pp. 3-31, et la note de M. Dancoisne dans le *Bulletin de la Commission des antiq. départ. du Pas-de-Calais*, t. I, pp. 158-160. — Les statères atrébates pèsent de 6 à 7 grammes et demi ; les quarts de statères de 1 gr. 1/2 à 2 grammes ; ceux-ci sont généralement sans revers.

triques de points et de crochets (ou d'objets analogues) forment vaguement l'initiale A, ou peut-être encore des symboles druidiques.

Il n'en va pas de même des monnaies d'argent, frappées à l'effigie de Comm (à droite) et d'Andobru (à gauche) : le profil, qui rappelle une Pallas casquée, est vraiment beau et donne une haute idée de l'art du monnayeur; le cheval galopant en liberté est d'une fière et grande allure. Il n'a rien qui ressemble au squelette dont je parlais tout à l'heure (1).

La monnaie est l'instrument du commerce et de l'industrie; vous vous étonneriez donc, si je ne parlais en passant de ce qui, dans le monde entier, fut la gloire de nos ancêtres : les étoffes atrébates.

La finesse de la laine, la richesse de ses tons, rouges ou bruns, obtenus par la teinture de garance, en faisaient un objet de grande utilité, et même de grand luxe. Pline l'ancien nous parle de ces « tissus, ornés de dessins figurant des écussons ou des losanges, » qui pouvaient être des tapis et devenir des vêtements ; Martial et Juvénal vantent leur charme, surtout lorsque ces vêtements sont des *xérampelines*, c'est-à-dire lorsqu'ils sont teints en couleur feuille de vigne sèche, qui rappelle les nuances feuille-morte, fraise écrasée, etc., des temps modernes. Les *birres* d'Arras servaient de manteaux longs ; les *caracalles* avaient assez d'ampleur pour mériter d'être mis à la mode dans l'entourage de l'empereur Bastien, dont ils rehaussaient avantageusement la petite taille et à qui ils servaient de surnom ; les *saies* se portaient agrafées sur l'épaule, et leur élégance avait quelque analogie avec celle de la toge. Aussi saint Jérôme reproche-t-il aux mondains d'adopter le luxe effréné des habits atrébates ; aussi l'empereur Gallien s'écrie-t-il avec dépit, en apprenant une révolte de Gaulois : « La République serait-elle donc en péril, parce que nous serions privés des étoffes des Atrébates (2) ! »

(1) V. note de M. Dancoisne dans le *Bulletin de la Commiss. des antiq. départ. du P.-d.-C.*, t. I, pp. 186-187, et A. Hermant, *Numismatique gallo-belge*, pp. 142-150 et planches.

(2) « *Non sine sagis atrebaticis tuta est respublica ?* » — Sur les vêtements atrébates, v. Terninck, *Études sur l'Atrébatie*, t. II, p. 9-17. Les Atrébates partageaient cette célébrité avec les Tornaciens et les Lingons. Leurs descendants n'y ont pas volontiers renoncé, d'après ce qu'on lit à la p. 293 du *Patriote artésien*, par M. de ***, ancien officier de cavalerie (Paris, 1781) : « Le S' Ricouart, de Saint-Omer, a un secret tout particulier pour teindre en noir ;

Non, l'Etat romain n'était point en péril, car les Atrébates songeaient désormais davantage aux bienfaits de la paix qu'à ceux de l'indépendance. Et d'ailleurs, n'étaient-ils point dominés par ce camp d'Etrun, dit faussement camp de César (bien que César ait hiverné à Arras en 51), qui garde encore, dans sa forte et majestueuse situation, l'empreinte des Romains du II° siècle de l'ère chrétienne (1)? Et deux siècles plus tard, ne furent-ils pas également dominés, dans la nouvelle situation de la ville, par le *Nobiliacus*, ce *castrum* (2) qui devint partiellement ensuite l'enceinte de l'abbaye de Saint-Vaast, et dont on retrouve ici près des traces, sur la place du Théâtre, dans les rues Saint-Géry, Saint-Aubert, des Agaches, des Teinturiers, Méaulens, du Tripôt, des Viéziers et des Récollets? Ce n'est donc point contre les velléités de résistance des Atrébates que les Romains avaient à veiller : selon un mot célèbre, « les barbares étaient aux portes », et leurs audacieuses invasions n'allaient pas tarder à tout détruire, hommes et dieux, industries et cités.

⁂

Il est temps de conclure. Avez-vous parfois remarqué, au Musée de notre ville, ce tableau allégorique d'Yvon, un peu théâtral, mais saisissant, qui représente César et son cruel triomphe ? L'*imperator* romain, à cheval, s'avance impassible, tenant en main le globe du monde ; à côté de lui, deux spectres, sans doute celui de la guerre étrangère et celui de la guerre civile, fauchent impitoyablement des hommes et des femmes de tout âge, que piétine le coursier ; derrière eux, des prisonniers, la corde au cou, se traînent en suppliant :

et toutes les étoffes qu'il fabrique et qu'il teint sont infiniment recherchées ; il faudroit donc l'encourager, pour l'engager à s'appliquer également à la teinture de toute autre couleur. Si ce fabricant obtient des faveurs, l'on doit nécessairement en accorder autant à tous les autres *Teinturiers* qui se trouvent dans les villes de cette Province, et l'on doit au surplus les engager à former des élèves pour en augmenter le nombre. — Suivant les expériences reconnues, les eaux de la petite rivière qui traverse *Arras*, appellée vulgairement *le Crinchon*, sont très propres pour la teinture ; peut être les trouveroit-on convenables pour l'écarlatte, qui se teint si bien à *Paris*, avec les eaux de celle des Gobelins. »

(1) V. étude de M. Terninck, dans *Dict. histor. et archéol. du Pas-de-Calais*, Arras, t. I, p. 123-130.

(2) V. *Bulletin des Antiq. départemenl. du P.-d.-C.*, t. III, p. 188-196, et t. VI, p. 68-90 et 174-175 (Notes de M. A. Terninck).

puis l'armée romaine s'avance et chante ; — enfin, à l'autre extrémité et devant César qui va se heurter là, des personnages sans
défense serrent convulsivement le piédestal d'une colonne brisée,
qui porte ce seul mot : *Patria !*

Ce tableau est bien à sa place parmi nous : il rappelle les horreurs
de la conquête romaine, mais aussi les prévisions plus rassurantes
de l'avenir. Ne sont-ce point les Atrébates, nos ancêtres, qui avec
Comm se sont désespérément groupés autour de la patrie ? Leur
espérance n'a pas été vaine, car leur nation n'est pas morte ; elle
cont. ue de se serrer près de l'autel de la patrie, d'autant plus
confiante que maintenant la colonne symbolique, loin d'être brisée,
est à jamais dominée par une croix, parfois menacée, mais toujours
triomphante.

Arras. — Imprimerie Sueur-Charruey, rue des Balances, 10.

www.ingramcontent.com/pod-product-compliance
Lightning Source LLC
LaVergne TN
LVHW011034050726
842519LV00004B/1371